À la vitesse des petites choses

FAUSTINE CROQUISON

*A papa,
qui m'a portée et me porte encore*

Sauriez-vous remonter jusqu'à votre plus vieux souvenir ?

Celui dont vous pouvez encore entendre les sons, sentir les odeurs et qui vont replonge dans l'instant même. C'est important de se souvenir, c'est l'essence même de l'être. C'est là que tout prend vie. C'est la transmission. C'est ce qui reste quand rien n'est plus. C'est le secret originel. Parler du passé m'aide à comprendre, à me construire. J'apprends à écouter les mots, à voir ce que je ne voyais pas, à faire revivre la mémoire. Pour lui donner un autre sens. Sans le souvenir, on perd l'histoire.

Alors pour ne pas l'oublier, j'ai écrit ce livre.

Je n'ai jamais eu à faire de choix.

Disons que tout s'est imposé à moi, depuis toujours, et j'ai simplement fait avec. J'ai dû choisir, évidemment, entre une option ou une autre. Entre les haricots et les frites à la cantine, les cours de danse ou d'équitation, la pilule ou l'enfant... Mais je n'ai jamais eu à me demander ce que je voulais. J'ai toujours laissé les choses se faire, avec la conviction profonde que si cela doit se passer ainsi, cela se passera ainsi. Le courant me porte, et je glisse avec lui. Mon père appelle cela la fatalité, là où d'autres y verront de la lâcheté, de la paresse même. On m'a dit aussi que je n'étais pas ambitieuse, passive. C'est sûrement un peu vrai mais je n'y vois pas de mal. Cela me fait réfléchir à l'intention que nous mettons derrière les mots et au pouvoir que nous leur donnons. L'ambition se mesurerait donc à nos choix de vies, aux grandes idées. Les inactifs seraient les faibles et les braves, ceux qui font et décident ? Je n'ai jamais eu de réelles envies, d'envies profondes. De feu sacré. Je n'ai jamais eu non plus de don particulier ou d'aptitude hors du commun .Mais il y a pourtant une chose où j'excelle.

Si je ne sais rien faire, je sais tenir debout.

L'amnésie infantile décrit le phénomène amnésique touchant la mémoire épisodique qui conduit à la pauvreté des souvenirs relatifs aux premières années de vie et notamment à leur absence, avant deux ans.

C'était l'époque des communications simples car limitées. C'était l'avant internet. L'époque des rencontres faciles et durables. A défaut d'abondance et de choix. On rencontrait son voisin, on travaillait dans sa ville, on achetait chez le marchand de quartier. C'était l'odeur de tabac imprégnée, les cigarettes que l'on fumait partout. Au restaurant, dans les bureaux, à la tête des enfants. C'était l'époque où boire et conduire ne se confrontaient pas, où la limitation de vitesse n'était que convention et la ceinture facultative. C'était l'avenir radieux et l'insouciance du risque. C'était une fin de journée d'hiver et une famille qui s'éventre. C'était le risque de trop, celui qui arrête le cours d'une vie.

De trois vies, ce soir-là.

Il ne faut pas que je te lâche.

Il faut que je te garde, bien près de moi et surtout que tes yeux restent ouverts. S'ils se ferment je dois crier et leur dire. Je ne te quitte pas des yeux, pendant tout le trajet. Je veille à ce que ta tête repose sur mes genoux et je retiens ton petit corps cassé à la force de mes bras d'enfant. Les portes s'ouvrent en trombe et on t'emmène sur un brancard. Moi, je vais bien, je tiens sur mes deux jambes. Je ne peux plus respirer mais je ne dis rien car je tiens debout. J'ai les mains qui collent à cause du sang séché. Je te rejoins dans une salle blanche et je les regarde découper doucement tes vêtements. Tout est calme, les gestes sont maîtrisés et rassurants. Les voix sont douces. C'était le plein hiver et j'ai pensé que tu aurais froid quand on nous laisserait repartir.

Les arbres ont commencé à refleurir, et nous sommes enfin rentrés chez nous.

A chaque inspiration,
je te retrouve

Alors je retiens l'air

Pour que tu restes
encore un peu

Nous étions à l'hôpital depuis des semaines.

Je me souviens de l'odeur de plat réchauffé, de désinfectant, de saleté propre... Je n'arrive plus à me souvenir de l'odeur de ma mère mais celle-là, en revanche, reste bien accrochée. Mon père est entré dans la chambre, il pleurait tellement à cette époque que ses yeux étaient désormais gonflés et rougis en toutes circonstances. Ma tante, elle, avait renoncé. Je leur ai dit à tous les 2. « Ça suffit, toi, tu vas arrêter de pleurer, et toi, vas te remettre du rouge à lèvres". Ils ont obéi, le rouge a disparu des yeux de mon père et n'a plus quitté les lèvres de ma tante.

J'avais sept ans et ce jour-là, j'ai choisi la vie.

Mon corps n'a gardé aucune trace de nos blessures d'enfance.

Ton corps à toi, en est marqué de toute part. Les brèches se sont refermées, elles ont grandi avec toi et n'apparaissent désormais qu'à la dérobée. Tu es tout écorché, mais tes yeux verts restent les mêmes qu'il y a 20 ans. Et mon amour pour toi est intact. Rien n'abîmera ce qui nous lie, et je n'ai d'autre serment que celui de te protéger. L'aiguille me perce et marque ma peau de ton nom. On me dit que j'ai la peau dure. Que la tienne a montré moins de résistance.

Alors, je prendrai pour nous deux. Je serai ton armure, ton refuge, ton encre éternelle.

Je n'aurai pas le regret

D'avoir été trop sage

Je suis allée chez le dentiste aujourd'hui.

J'ai découvert qu'il me manquait une dent. Il semblerait que la timide n'ait pas encore trouvé le bon moment pour sortir. Puis on m'a dit qu'il faudrait peut être qu'on me l'arrache, qu'on aille la chercher de force, ma dent de sagesse. Je n'ai pas envie. Je ne pense pas qu'il faille forcer les choses.

Et que, peut-être, elle me laisse encore un peu de répit, avant de devenir adulte complètement.

Rendre unique
ce qui ne l'est pas

Faire du commun
une aventure

En passant devant le kiosque à journaux, j'aperçois les gros titres.

"A quelle vitesse voulons-nous vivre ?"

Voilà de quoi mettre mes idées en chantier. Je ne lis pas la presse, je ne regarde pas la télé, je ne connais pas l'actualité. Mais ce message là m'était destiné. Je ne sais plus très bien d'où m'est venue cette manie de voir des signes partout. Des messages de l'univers, des mises en garde de mon étoile. Si je vois une couleur, un chiffre, un mot qui se répète, j'en cherche la raison. Et je ne pense qu'à ça, jusqu'à ce que le mystère soit résolu. Antinomique par exemple. Je n'avais jamais entendu ce mot. Puis je l'ai entendu partout. Antinomique, cela veut dire "absolument opposé". Je collecte toutes ces données, et j'élabore des théories improbables. C'est épuisant. Ça s'agglutine depuis l'enfance. Je me rappelle, déjà petite, j'étais obstinée par l'idée que tout autour de moi, les feuilles des arbres, les pierres, les petits pois dans l'assiette... avaient une âme.

Enfin, je ne sais plus bien comment je m'expliquais cela. Toujours est-il qu'il me semblait important d'avoir une attention particulière pour chacune de ces choses. Je saluais les arbres, je donnais des noms aux cailloux, je m'excusais auprès des petits pois avant de les mettre dans ma bouche... J'ai gardé cette habitude étrange qui ponctue mes journées de moments de grâce. Les visages du métro deviennent les personnages d'une fresque vivante. L'odeur du papier d'un nouveau livre, le bruit de l'eau que l'on verse, le craquement d'une feuille de salade sous la dent... sont autant de spectacles imprévus qui m'émerveillent et rendent tout plus facile

A quelle vitesse voulons-nous vivre ?

A la vitesse des petites choses, cela me semble bien.

J'entre dans ma trentième année et j'ai l'impression que chaque jour qui passe est une chance en moins . Ce qu'il me reste à vivre m'effraie.

Je repense à tout ce que je n'ai pas osé, tout ce que j'aurais pu, tout ce qui ne sera jamais. J'ai peur de ne rien laisser, de ne pas compter. Tout a déjà été dit, et mieux que je ne m'y emploierai jamais. Pourtant j'ai le devoir de dire encore. Je veux être de ces femmes qui font le monde. Car il ne s'agit pas de moi seulement. Je veux inspirer, comme je l'ai été. Je veux tendre la plume, poser ma pierre. Pour ne plus perdre une seconde.

Pour faire honneur aux jours qui restent.

Tout me ramène ici.

Je viens de loin,
du fond des plaines.

Des terres enfouies.

Je n'avais rien à dire,
je n'étais rien à voir.

Que sommes-nous censés faire ?

Nous, qui allons disparaître.

Aujourd'hui, j'ai regardé mon père dormir.

J'étais en train de lire dans le jardin quand il est venu s'allonger à côté de moi. Après quelques minutes, je pouvais voir ses doigts joints sur la poitrine pris de secousse. Il venait d'entrer dans un sommeil profond, bercé par la chaleur de l'été. Il me semble tout à coup que c'est la première fois que je le vois réellement tel qu'il est. Je m'attendris de le voir ainsi. Tout en lui s'abandonne. Mon père, la montagne. Le phare dans la nuit. Je l'imagine petit garçon, loin des adultes, et de la réalité qui le cloue au sol.

J'espère qu'au milieu de ses rêves, il s'autorise à voler.

Nous restons pour toujours des enfants.

J'ai compris cela le jour où ma mamie nous a quitté. Je n'avais jamais vu mon père comme ça. Un enfant épuisé, qui attend qu'on le porte. Mon oncle pleurait beaucoup aussi et pour la première fois, j'ai remarqué qu'il avait les mêmes yeux que mon père. Eux qui ne se parlent jamais, partagent le bleu regard de mon grand-père. Voilà ce qui les lie, du premier au dernier jour. Ma tante, elle, prenait des photos. Tout le monde se demandait bien ce qu'elle en ferait mais on l'a laissée faire. Plus tard, nous sommes allés chez elle et elle a ressorti les boites de photo. Nous étions tous là, perdus ensemble, à revivre des souvenirs oubliés, au milieu des images figées, éparpillées sur la table, qui passaient de mains en mains pour soulager notre cœur. Bientôt, les nouvelles photos de ma tante rejoindront la boite et nous les regarderons en pensant à ma mamie. Ma petite mamie. Nous sommes allés en haut des falaises, pour la laisser reprendre la mer. Il fallait trouver un point de repère, une sorte de pierre tombale sauvage, pour ceux qui voudraient venir se recueillir. Mon oncle a proposé que ce soit le 30e poteau, en partant du bout du chemin. Nous nous sommes alors tous mis à compter machinalement les petits rondins de bois. Je me suis dit qu'aujourd'hui était un jour heureux pour les petites choses qu'on ne regarde jamais.

Un bouton de chemise, des tickets de caisse, une photo d'identité, une boucle d'oreille orpheline, deux ou trois clés abandonnées, un échantillon de parfum jauni par le temps, des mouchoirs qui portent l'odeur de leur ancien propriétaire, des stylos épuisés...

Si la nostalgie vous gagne, n'allez pas au cimetière, ne ressortez pas les albums photos...

Ouvrez plutôt un vieux tiroir.

Ma grand-mère avait toujours dans sa maison une petite bonbonnière dans laquelle on pouvait trouver des pastilles à la violette. Pour l'atteindre, il fallait que je grimpe sur une petite chaise en osier. Je soulevais la cloche et je prenais un petit bonbon emballé. Cette bonbonnière, j'en ai longtemps pris soin. Elle a trôné dans tous mes appartements. Je ne me suis jamais posée la question de savoir s'il fallait que je la garde ou non, c'était évident. Elle avait sa place, et s'il n'y en avait pas, je lui en trouvais une. Un jour, j'ai regardé d'un peu plus près l'objet. J'ai essayé de juste le voir pour ce qu'il était : un récipient. Un objet commun, banal et poussiéreux. Je me suis dit que peut-être, il fallait aussi faire cela avec les personnes. Essayer de les voir pour ce qu'elles sont. J'ai découvert que je ne regardais pas au bon endroit, que ce qui est beau n'a pas besoin d'être dit. Et que la misère vient de l'intérieur. La lumière s'est éteinte par endroit, pour en éclairer d'autres. J'ai aperçu le cœur de ceux qui le couvraient. J'ai lâché les cordes qui me brûlaient les mains. J'ai appris que ceux qui voulaient être là trouvaient toujours un moyen et que ceux qui voulaient partir en trouvaient toujours un aussi. J'ai découvert que je n'étais pas petite.

Et j'ai entendu ma voix résonner.

Je déteste les aires d'autoroute.

Elles font partie de ces endroits où personne ne se retrouve par choix. Comme Pôle Emploi, un enterrement ou le service des urgences. Coincés entre un point A et un point B, heureux d'être sur la route des vacances ou en chemin vers la maison, on se retrouve tous là, à attendre que ça passe. Il y a ceux qui déballent leur sandwich du papier d'alu, ceux qui se plaignent du prix de l'eau. Et puis il y a ceux qui ne partent pas, qui restent chez eux, mais pas par choix. Image réduite de notre monde, au doux parfum d'essence. Pour passer le temps, je flâne dans les allées de la boutique, entre les tee-shirts souvenirs et les mugs à prénoms. D'ailleurs, je n'ai jamais trouvé le mien. Nulle part, jamais. Par contre, j'ai retrouvé un trésor d'enfance.

Avec les bonbons à l'anis, les réglisses et les pastilles Vichy, toujours, il y a des bonbons à la violette.

Rester silencieux. Ne penser à rien. Parler à un inconnu. Regarder dans les yeux. Dire la vérité.

On sous-estime il me semble, le courage que requièrent les révolutions ordinaires.

Je n'avais jamais pensé qu'un jour vous puissiez disparaître.

Vous faisiez partie de cette montagne d'évidences faciles, des choses qu'on ne questionne pas.

Maintenant que vous m'échappez, je réalise que j'aurais aimé vous manquer un peu plus.

Je me souviens de l'odeur des draps.

Je me souviens de t'avoir aimé et de l'avoir fait profondément. Je me souviens de ta place et du vide que je ne pensais jamais combler. Je me souviens limpidement de tout, et je me demande où cela s'est caché en moi.

Je me souviens mais plus rien ne bouge à l'intérieur.

Peut-être que j'aurais dû arrêter.

Quand en apportant une autre bouteille, le serveur a dit« Vous êtes sûre ? ». Quand il t'a regardé toi, alors qu'il me parlait à moi. J'ai pu lire ton inquiétude quand j'ai vidé le verre. D'une traite, sans respirer. Une fois, deux fois. Et des dizaines d'autres fois après ça. Peut-être oui, j'aurais dû m'arrêter. J'avais besoin de remplir le vide. Et l'ivresse fait passer le temps. J'avais besoin qu'il passe, le temps. Qu'il m'emmène loin, vite. Tu as gardé pour toi ce que tu aurais voulu me dire. Par pudeur peut-être ? Tu m'as protégée. J'étais à la dérive et tu as fait ce qu'il fallait. Tu m'as laissée dériver, sans essayer de me ramener. Tu étais là. Et tu m'as dit.

« Ça ira. Je sais que là tout de suite, c'est la dernière chose que tu as envie d'entendre, mais ça ira. »

Je pensais que le vertige passerait et que je retomberais sur un chemin droit.

Puis tout revient sans prévenir.

Et tout s'écroule.

Je n'ai jamais fumé de toute ma vie.

J'ai toujours pensé qu'il fallait peu aimer la vie pour devenir fumeur. On peut être tant d'autres choses. Petite dose de mort au bout des doigts. Le frisson de la faucheuse, l'illusion qu'on la domine. En fait, il faut y tenir beaucoup, à la vie. Un jour, l'envie de fumer est venue. Ce n'était pas une envie d'ailleurs, c'était un besoin. Tout fut anesthésié. Tout s'est couvert de fumée grise. L'odeur, le goût, la voix, le teint, les doutes... Cela n'a pas duré, j'ai arrêté. Spontanément, le besoin m'est passé.

Il n'y avait plus rien à brûler.

J'aimerais un jour
Connaître la vie sans bruit

J'aime la solitude.

L'intimité que je crée avec moi-même. La petite sphère sacrée dans laquelle je me retrouve. Cela a mis du temps. J'ai dû m'apprivoiser. Ecouter les sons qui fracassaient, faire attention aux coups dans le ventre, partir à la rencontre de celle qui, à l'intérieur, prenait trop de place. Je m'en rends compte aujourd'hui, cela a mis du temps. Par hasard, j'ai retrouvé une photo de moi petite. J'en ai vu beaucoup, des photos d'enfance, mais celle-ci, je m'en souviens particulièrement. Nous devions nous déguiser pour aller à l'école. Mon père avait oublié et nous devions partir. Il m'a laissé en pyjama, m'a donné ses chaussons et il est allé chercher le rouge à lèvre de ma mère. Je suis arrivée à l'école, déguisée en clown. Toutes les autres étaient en princesse ou en fée et moi, je trônais là, seule, avec mes chaussons trop grands et mon pyjama. Je ne crois pas, à ce moment, que j'aimais la solitude. En retombant sur cette photo, j'ai réalisé que je ne connaissais plus la petite fille que je voyais. Je l'avais laissée seule moi aussi. Depuis ce jour, je garde cette photo avec moi. Je me suis promis d'écouter la petite endormie. J'ai découvert que les sons qui fracassaient ne faisaient que couvrir son murmure.

Des profondeurs et de l'obscurité
Naît la sagesse

Je suis au fond d'un lac.

L'eau est trouble et je distingue à peine mes jambes. Je peux apercevoir la surface à quelques mètres au dessus de moi mais il n'est pas encore temps de remonter. Je suis entourée d'algues grises. Je les saisis à pleine main et je les arrache du sol. Au dessus de moi, des nénuphars ont fleuri. J'en avale un. Je l'engloutis tout entier. Il se met à pousser à l'intérieur de moi . Et de ma bouche germe une nouvelle fleur.

J'ai fait un rêve étrange.

J'ai besoin d'ordre dans ma vie.

De structure dirais-je. J'ai beaucoup de mal avec l'imprévu et l'urgence. J'aime me glisser dans une petite case et savoir que j'y serai en sécurité. Ma maison traduit bien cela. Chaque objet est à sa place et le monde se porte bien. Je déteste ce qui n'est pas en place, ce qui déborde. Ceux que je laisse entrer chez moi sont rares et je n'accorde mon temps qu'avec précaution. Et puis te voilà, avec tes sacs de chaos. Avec le bruit, quand je cherche le silence, avec les portes qui claquent et les fenêtres ouvertes sur le monde. Depuis toi, les serrures ont sauté, les clés se sont perdues. Parfois tu m'épuises, tu me vides. Tout ce trop plein de vie me vide. Puis je regarde tout ce qui traîne, et c'est finalement ce que je chéris le plus au monde. Les marques de ta présence.

Ma vie entière que je donnerais pour que jamais plus rien ne soit en ordre.

Ton souffle rassurant

La nuit

Quand le sommeil s'agite

Il y a eu d'autres femmes avant moi.

Ce soir il pense à l'une d'elle. Il l'a rencontrée dans un bus, il y a longtemps. Ils ont vécu une belle histoire. Il m'en parle toujours avec tendresse et je sais qu'elle a beaucoup compté. Je sais aussi qu'il ne l'aimait pas comme elle l'aimait.

Il l'a recroisé par hasard alors qu'il conduisait. Il était dans sa voiture, bloqué dans le trafic des grands boulevards. Il a entendu quelqu'un passer près de sa vitre, courir après un bus et l'attraper de justesse. Il a reconnu sa voix. Il a essayé de l'appeler, elle ne l'a pas entendu. Mais il l'a reconnue. Elle est montée et la porte s'est refermée. Le bus est reparti, cette fois sans lui. Il l'a suivi en voiture quelques minutes, puis il a pris une autre route.

A la sortie de la ville, les champs s'étendent à perte de vue. Le soleil se couche à l'horizon. Je pose ma tête sur son épaule et il sert ma main dans la sienne.

Ce soir, les étoiles brilleront pour nous.

Par le trou béant, le soleil entre. La colère est partie. Le cœur se retrouve. Mon visage dans ta main s'abandonne et je veux vivre au creux de toi.

J'embrasserai chaque morceau qui te tiraille pour que ta peau ne fasse plus mal.

Me retrouver nue sans rougir. Découvrir mon corps et l'aimer. Dormir sans secousse. Me surprendre à ne penser à rien. Être là, présente et entière. Savoir qu'il sera toujours là.

Cet été fut celui des premières fois.

Aimer devrait suffire

J'aimerais leur parler
pour leur apprendre

Qu'ils essaient
et entreprennent

J'aimerais qu'ils échouent
pour qu'ils comprennent

Que c'est bien mieux
que d'attendre

Comme j'en oublie
de respirer

Quelle importance
Ce qu'on leur laisse

A la fin

Il ne restera
que les idées vagues

Et mes mots dans le vent

Cela vous arrive-t-il de rencontrer une personne et de sentir tout le poids de sa vie ?

On la sent rongée de l'intérieur, toute étriquée dans son corps, mal à l'aise. Cela peut être une façon de se tenir qui transpire la douleur, un timbre de voix grinçant ou un regard qui tremble... Je me demande toujours ce qu'il a bien pu lui arriver de si terrible pour qu'un jour, elle laisse la place à l'ombre. Je la vois se remplir d'un liquide visqueux, qui lui colle aux entrailles et les recouvre. Des flaques de vases qui la bouffent. Je pense à cette femme que j'ai connue. Elle avait toujours besoin de parler trop fort, de faire de grands gestes, de s'approcher trop près de vous. Elle oubliait toujours une écharpe, un bijou, partout où elle allait. Au restaurant, chez des amis, chez le médecin... Elle était excessive dans tout. Dans ses étreintes, dans ses colères. Un moyen de dire "je suis là, j'existe". Et cela m'agaçait. J'ai appris qu'elle avait eu une sœur jumelle. Elles avaient été séparées très tôt. La sœur était restée avec la mère en France, avait menée une vie tranquille. Elle, était partie avec le père. Elle avait connu des dizaines de belles-mères, dormait dans un coin de pièce, entre deux déménagements... A leurs 15 ans, les parents ont décidé de faire un échange. Chacune est partie vers une vie qu'elle ne connaissait pas. Chacune a recommencé, emportant avec elle ses valises, plus ou moins lourdes. La sœur invisible a alors décidé de ne plus l'être. Et elle s'est débrouillée depuis pour ne pas qu'on l'oublie.

Laissant çà et là, quelques flaques de vases.

Je n'en peux plus de parler de moi.

Mais c'est tout ce que je sais faire.

Alors, j'essaie de me rappeler qu'il ne s'agit pas de moi.

Que j'écris par nécessité et que mes mots ne m'appartiennent plus.

Je suis inachevée. Et je cours sans relâche. Chaque instant suspendu, lorsque mon pied quitte le sol, laisse entrer la vie. Et je meurs un peu plus. J'avance. Avide et assoiffée. A chaque foulée, je gagne un millions d'années. Et quand le jour sera venu, je regarderai l'horizon. J'envahirai l'espace fièrement. Je n'arriverai peut-être pas entière mais je partirai sans le regret d'avoir abandonné mes rêves.

A la radio passe une vieille chanson de ma jeunesse.

Une chanson triste, qui parle de choses tristes. Je l'écoutais en boucle, toujours quand ça n'allait pas. Je n'en avais pas besoin quand ça allait bien. Je l'écoutais, je pleurais, et j'aimais ça. C'est une époque dont je n'aime pas me souvenir. Et je me dis qu'il y a des choses comme ça, dont on ne veut pas se souvenir. Pour lesquelles il est encore trop tôt. Des choses qui reviennent nous presser le cœur. Des choses, qui, nous rendent tout froid en une seconde. Des choses qu'on préférerait oublier mais qui reviennent quand même. Comme cette chanson. Que j'ai joué dans ma tête à l'infini, jusqu'à ce qu'elle devienne si commune qu'il m'était impossible de l'entendre encore. Aujourd'hui, elle revient à moi par hasard.

Elle m'évoque ce souvenir et cela me fait sourire.

Ma mère, je la vois partout.

Dans le souffle du vent. Dans le silence. Je sais qu'elle accompagne chacun de mes pas. Je ne m'en suis pas rendue compte tout de suite, et puis j'ai réalisé que je pensais à elle chaque jour. La mort vous suit partout et toujours, qu'on le veuille ou non, que l'on y pense ou pas. J'ai beau dire que j'ai fait mon deuil, c'est faux. Je suis faite de cette mort là, j'ai construit ma vie sur son absence. Et se construire sur l'absence est difficile. Je porte ses bijoux en talisman. J'ai perdu la voix, les images, le son, l'odeur, le souvenir. Voilà ce qu'il me reste. Un jour, j'ai égaré sa gourmette, que je portais à mon poignet depuis toujours. Un bout d'elle qui me quittait encore. En rentrant chez moi, j'ai réalisé que nous étions le 7 mai. C'était le jour de son anniversaire.

Je crois que cela voulait dire qu'il était temps de lâcher prise.

Fixer le vide
Revenir à soi
Se perdre encore
Et repartir

Nos pieds timides
au bord du vide

Nos mains liées,
tendues vers le ciel

Nos cris du cœur
en suspension

Nos corps nus
dans l'eau salée

Et l'impression
d'être là pour quelque chose

Je ne connais pas la rancœur.

Je pardonne tout et vite. Et quand quelque chose de grave arrive, je repense à ce que me disait mon père. "Ma fille, si dans la vie, tu n'as que des problèmes comme ça, alors je te souhaite d'en avoir beaucoup.". Il disait aussi "on pleure quand on a mal", et c'est vrai qu'il pleurait souvent. Je pense même que je l'ai vu pleurer plus de fois que lui ne m'a vue. J'ai fait de ses paroles mes préceptes et je dois dire que cela a rendu ma vie plus douce. Je ne m'incommode pas des petites choses. Les uns voient cela comme un aveu de faiblesse, un manque de caractère. Les autres me disent que je suis sage. En fait, c'est assez simple : lorsque l'émotion prend le dessus, que la haine et la colère me gagnent, j'imagine que je vais mourir. Pas quelqu'un d'autre. Moi. C'est fatiguant, cette obsession pour la mort. Mais ça a le mérite d'être efficace et de vous faire aimer la vie. J'imagine qu'il ne me reste plus que quelques mois à vivre, que je suis victime d'un grave accident. J'imagine la peine que cela causerait à ma famille et à ceux qui m'aiment. Je repense à ce que j'ai vécu de merveilleux.

Si ma gorge se serre, alors je sais que je n'ai pas de temps à perdre.

Il y a celle qui a sauvé mon père, qui l'a aidé à se reposer. Elle s'occupait de ma grand-mère qui pourtant n'était pas facile avec elle. Ni avec personne d'ailleurs. Elle s'est occupée de nous, qui n'étions pas faciles non plus. Elle est arrivée entre nous trois et elle a réussi à faire sa place. Il y a celle qui a toujours été là. Ma référence en tout. Ma maman de rêve. Si ma vraie avait encore été de ce monde, je pense que j'aurais de toute façon couper une partie de mon cœur en deux, qu'elles se seraient partagée. Il y a celles qui sont arrivées sur mon chemin comme une bénédiction. Celles que je ne veux plus jamais voir disparaître. Il y a celles que j'aime comme des sœurs et d'autres d'un amour un peu différent. Celles que je n'ose pas regarder dans les yeux. Celles qui ont gardé les secrets. Celles qui me poussent en avant, celles que je ne veux pas décevoir. J'ai mis du temps à me trouver en tant que femme, à comprendre ce que cela impliquait. Je suis devenue femme à travers elles. Je suis faite de ces femmes-là.

Mères et sœurs.

Tout est comme tous les autres jours,
rien ne change

Jusqu'à la demi-seconde

Pour une vie entière qui bascule

Remerciements

Merci à Papa d'avoir été Maman aussi.

A mon frère, le plus brave de tous les petits soldats,

A maman, qui vit encore, bien au delà de nos mémoires,

A ceux qui sont partis et qui me manquent.

Merci à Chloé, Florine, Louise, Maud, Emma, Rachel et Marie.

Merci à ma famille un peu bancale, que j'aime avec tendresse.

Merci à ma famille de coeur, Carole, Nicolas, Morgan et Eliott.

Je dédie ce livre à tous les humains en pièces.

Je vous envoie de l'or pour combler vos brèches.

Pour aller plus loin...

Mes autres publications :

Absolument rien ne compte, 2018
Journal d'une rupture inavouée, 2022

Pour découvrir l'ensemble de mon travail, rendez-vous sur mon site *faustinecroquison.com*

Votre soutien et votre intérêt sont un précieux cadeau que vous me faites.

J'espère que mes mots sauront trouver le chemin de votre coeur.

A bientôt, pour une nouvelle histoire...

© 2018, Faustine Croquison
Edition : BoD - Books on Demand,
12/14 rond-Point des Champs-Elysées, 75008 Paris
Impression : BoD - Books on Demand,
Norderstedt, Allemagne
ISBN : 9782322131341
Dépôt légal : septembre 2019